DINOSSAUROS

©TODOLIVRO LTDA.

Rodovia Jorge Lacerda, 5086 - Poço Grande
Gaspar - SC | CEP 89115-100

Ilustração:
Shutterstock

Revisão:
Tamara B. G. Altenburg

IMPRESSO NA CHINA
www.todolivro.com.br

Dados Internacionais de Catalogação na Publicação (CIP)
(Câmara Brasileira do Livro, SP, Brasil)

Dinossauros: Quebra-cabeça Progressivo - 3 anos / Todolivro; [Ilustração: Shutterstock].
Gaspar, SC: Todolivro Editora, 2023.
(Todolivro play ; 10)

ISBN 978-65-5617-912-4

1. Literatura infantojuvenil 2. Quebra-cabeças - Literatura infantojuvenil
I. Todolivro. II. Shutterstock. III. Série.

23-146645   CDD-028.5

Índices para catálogo sistemático:

1. Livro quebra-cabeças: Literatura infantil   028.5
2. Livro quebra-cabeças: Literatura infantojuvenil   028.5

Eliane de Freitas Leite - Bibliotecária - CRB 8/8415

Instruções do jogo

1. Comece pelo quebra-cabeça, com menos peças.

2. Separe as peças, deixando todas viradas para cima.

3. Encaixe as peças até formar o dinossauro. Se for preciso, utilize o livro como guia.

4. Em seguida, separe as peças do quebra-cabeça médio e faça o mesmo descrito anteriormente, até estar preparado para o nível mais alto do quebra-cabeça.

Cuidados com as peças:
- Guardar dentro da caixa em local seco e arejado.
- Não expor à alta temperatura.
- Não molhar, dobrar, perfurar, colar ou riscar.
- Evitar atrito excessivo nas bordas para não danificar as camadas do cartão.
- Para limpar, use um pano seco ou levemente úmido apenas nas superfícies.

ESTEGOSSAURO

QUANDO TOTALMENTE CRESCIDO, TINHA EM MÉDIA NOVE METROS DE ALTURA E PODIA PESAR PERTO DE CINCO TONELADAS.

SEU NOME SIGNIFICA "LAGARTO COM TELHADO".

EMBORA TIVESSE UM CORPO ENORME, SEU CÉREBRO ERA PEQUENO, MAIS OU MENOS DO TAMANHO DE UMA NOZ.

MONTE O QUEBRA-CABEÇA DE 6 PEÇAS USANDO ESTA PÁGINA COMO GUIA.

SUA CAUDA ESTAVA EQUIPADA COM QUATRO PONTAS ÓSSEAS DE 60 A 90 CENTÍMETROS DE COMPRIMENTO, QUE SERVIAM COMO ARMAS DE DEFESA.

PLESIOSSAURO

ERA UM PREDADOR QUE VIVEU PRINCIPALMENTE DE PEIXES E MARISCOS. NADOU POR CARDUMES DE PEIXES E USOU SEU PESCOÇO LONGO E SEUS DENTES AFIADOS PARA PEGAR SUAS PRESAS.

SEU NOME SIGNIFICA "QUASE UM LAGARTO".

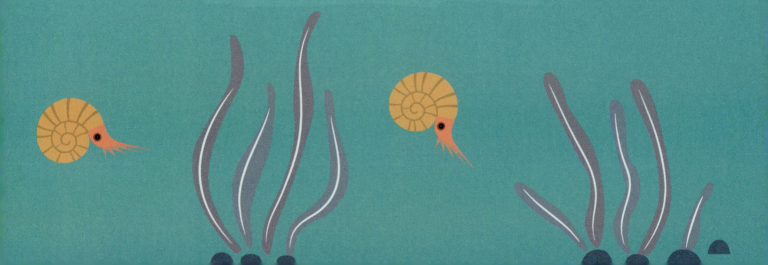

TINHA EM TORNO DE DOIS METROS DE COMPRIMENTO; MAS OS MAIORES PLESIOSSAUROS PODIAM ALCANÇAR ATÉ 15 METROS DE COMPRIMENTO.

PTERANODONTE

ESSE ENORME RÉPTIL VOADOR VIVEU PERTO DA COSTA E PROVAVELMENTE SE ALIMENTOU DE CRIATURAS DO MAR, COMO PEIXES E LULAS.

SEU NOME SIGNIFICA "CRIATURA ALADA SEM DENTES".

DIFERENTE DOS PÁSSAROS, AS ASAS DO PTERANODONTE NÃO TINHAM PENAS E SE ESTENDIAM DO QUARTO DEDO ATÉ OS TORNOZELOS.

TRICERÁTOPO

COMO GRANDE PARTE DOS MAIORES DINOSSAUROS CARNÍVOROS, ELE VIVEU APROXIMADAMENTE HÁ 68 MILHÕES DE ANOS, NO PERÍODO CRETÁCEO.

SEU NOME SIGNIFICA "ROSTO DE TRÊS CHIFRES".

ALGUNS TIPOS DE TRICERÁTOPOS TINHAM UM GRANDE COLAR EM FORMA DE LEQUE AO REDOR DA CABEÇA, O QUE TORNAVA DIFÍCIL PARA SEUS ADVERSÁRIOS AGARRAR SEU PESCOÇO.

ELE PODIA ALCANÇAR UM COMPRIMENTO DE ATÉ NOVE METROS.

COELOPHYSIS

ESSE PEQUENO DINOSSAURO VIVEU APROXIMADAMENTE 200 MILHÕES DE ANOS ATRÁS, NO FINAL DO PERÍODO TRIÁSSICO.

ELE VIVIA EM GRUPOS.

UM DINOSSAURO CARNÍVORO, QUE SE ALIMENTAVA DE VÁRIAS PRESAS, INCLUINDO RÉPTEIS E PEIXES. COELOPHYSIS TINHA UM CORPO LEVE E O PESCOÇO LONGO, CARACTERÍSTICAS QUE FIZERAM DELE UM EXCELENTE CAÇADOR.

BRAQUIOSSAURO

ERA UM DINOSSAURO DE GRANDE PORTE. QUANDO ADULTO, POSSUÍA ALTURA ENTRE 20 E 25 METROS. TAMBÉM ERA MUITO PESADO (ENTRE 40 E 70 TONELADAS).

ERA UM DINOSSAURO HERBÍVORO (ALIMENTAVA-SE DE VEGETAIS). SEU ENORME PESCOÇO ERA UMA GRANDE VANTAGEM, POIS PERMITIA-LHE ALCANÇAR FACILMENTE A PARTE MAIS ALTA DAS ÁRVORES. VIVIA EM GRUPOS, DESLOCANDO-SE CONSTANTEMENTE EM BUSCA DE ALIMENTOS E ÁGUA.

MONTE O QUEBRA-CABEÇA DE 12 PEÇAS USANDO ESTA PÁGINA COMO GUIA.

VELOCIRAPTOR

UM DOS MAIS INTELIGENTES E VELOZES DINOSSAUROS! ELE CAÇAVA EM GRUPOS E TINHA HÁBITOS NOTURNOS.

ERA UM DINOSSAURO PEQUENO, MEDINDO APROXIMADAMENTE DOIS METROS DE COMPRIMENTO.

MONTE O QUEBRA-CABEÇA DE 12 PEÇAS USANDO ESTA PÁGINA COMO GUIA.

TINHA DUAS GARRAS EM FORMA DE FOICE, CAPAZES DE DOMINAR SUA PRESA COM FACILIDADE.

ERA CARNÍVORO, OU SEJA, ALIMENTAVA-SE DE CARNE.

ESPINOSSAURO

ENORMES ESPINHOS CRESCERAM NAS COSTAS DESSE DINOSSAURO, QUE TINHA MAIS DE UM METRO E MEIO DE COMPRIMENTO.

SEU NOME SIGNIFICA "RÉPTIL ESPINHOSO".

ESSE GIGANTE AQUÁTICO TAMBÉM ERA UM SUPERPREDADOR EM TERRA.

MEDINDO ENTRE 13 E 18 METROS DE COMPRIMENTO, O ESPINOSSAURO ERA MAIOR QUE O TIRANOSSAURO REX.

ANQUILOSSAURO

ESSE IMPONENTE DINOSSAURO ERA COBERTO POR UMA ARMADURA GROSSA FEITA DE PLACAS ÓSSEAS QUE PROTEGIAM A CAUDA, A QUAL ERA FORTE O SUFICIENTE PARA QUEBRAR OS OSSOS DE SEUS ADVERSÁRIOS.

ERA HERBÍVORO
(SÓ COMIA PLANTAS)
E TINHA DENTES MINÚSCULOS.

ELE VIVEU NO PERÍODO CRETÁCEO, APROXIMADAMENTE 66 MILHÕES DE ANOS ATRÁS.

SEU NOME SIGNIFICA "RÉPTIL FUNDIDO" (OS OSSOS DE SEU CRÂNIO ERAM FUNDIDOS PARA FORMAR UM CAPACETE DE PROTEÇÃO) OU "RÉPTIL RÍGIDO" DEVIDO À SUA ARMADURA.

T-REX

É UM DOS MAIS ADMIRADOS E EXISTIU ATÉ A EXTINÇÃO DOS DINOSSAUROS. TINHA PERNAS ENORMES E FORTES, MAS OS BRAÇOS ERAM PEQUENOS.

SEU NOME SIGNIFICA "LAGARTO TIRANO REI".

EXISTEM CERCA DE 30 ESQUELETOS DE T-REX MONTADOS EM TODO O MUNDO. ELE FOI O PRIMEIRO DINOSSAURO CARNÍVORO A SER MONTADO COMPLETAMENTE.

MONTE O QUEBRA-CABEÇA DE 18 PEÇAS USANDO ESTA PÁGINA COMO GUIA.

PODIA PESAR ATÉ NOVE TONELADAS E MEDIR 12 METROS DE COMPRIMENTO.

GIGANOTOSSAURO

FOI UM DOS MAIORES CARNÍVOROS TERRESTRES CONHECIDOS, POIS MEDIA APROXIMADAMENTE DE 12 A 13 METROS DE COMPRIMENTO.